MÉMOIRE

SUR LA

CONSERVATION DES VIANDES

A L'ÉTAT FRAIS

PAR UN PROCÉDÉ ABSOLUMENT NOUVEAU

BREVETÉ DANS LE MONDE ENTIER

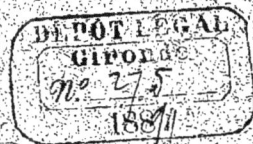

BORDEAUX

IMPRIMERIE G. GOUNOUILHOU

11, RUE GUIRAUDE, 11

—

1891

MÉMOIRE

SUR LA

CONSERVATION DES VIANDES

A L'ÉTAT FRAIS

PAR UN PROCÉDÉ ABSOLUMENT NOUVEAU

Breveté dans le monde entier

DIVISION DE CE MÉMOIRE

CHAPITRE I

ÉTAT DE LA QUESTION EN 1891

I. — Le commerce des viandes.

Étudions très sommairement la question qui nous occupe : et pour cela voyons quelle est l'importance de ce commerce, ses sources, ses débouchés :

IMPORTANCE DE CE COMMERCE. — Ce commerce est peut-être le plus important du monde, il touche à un aliment de première nécessité : aussi existe-t-il un mouvement irrésistible des pays où la viande est abondante et bon marché vers ceux où elle est chère et plus rare. Quelques chiffres pour en donner une idée :

En 1889 l'Angleterre a reçu dans ses divers ports près de

3 millions de moutons venant de divers pays et conservés par la congélation. Ce mouvement augmente tous les jours. La France et les autres pays de l'Europe seront bientôt tributaires des pays producteurs.

On estime à 1 milliard le commerce des viandes de la seule ville de Chicago.

SOURCES DE CE COMMERCE. — Nous ne citons que les principales :
Le Canada, dont le troupeau s'élève à plusieurs millions de têtes ;
Les États-Unis, dont on estime le troupeau à 50 millions ;
La Plata, l'Uruguay et le Paraguay, 100 millions ;
L'Australie, 120 millions.

Dans des proportions moins grandes, la Hongrie qui expédie avec l'Algérie des moutons congelés à Paris ; et la Russie, où il serait facile d'établir une Société d'exportation.

DÉBOUCHÉS DE CE COMMERCE. — Presque toutes les villes des États-Unis ne consomment que de la viande conservée par le froid. La ville de Chicago nourrit à elle seule avec ses viandes une population de 10 millions d'habitants ;

L'Angleterre, où il se fait une énorme consommation de viandes ;

La France, l'Italie, toutes les armées d'Europe qui ont toujours en réserve de grandes quantités de viandes cuites de provenance américaine ou australienne ;

Toutes les marines du monde.

II. — Les moyens de conservation.

Tous les économistes du monde se sont posé cette question : Comment arriver à conserver la viande pour pouvoir la transporter ?

Deux systèmes sont aujourd'hui en vigueur : le système Appert qui livre des viandes cuites ; le système par le froid qui livre des viandes congelées. C'est par ce dernier système que se fait la conservation et le transport des viandes. Nous allons rapidement le décrire et indiquer ses résultats :

La viande abattue est mise dans des chambres spéciales où des machines produisent une température qui doit se maintenir entre — 12° et — 17°. Ces machines doivent fonctionner nuit et jour pour empêcher la température de baisser ; ce qui fait qu'une viande achetée bon marché revient à un prix très élevé s'il faut la conserver longtemps.

La viande ainsi conservée se durcit et, pour la livrer à la consommation, il faut la faire passer successivement par des chambres où la température s'élève graduellement jusqu'à la température normale. Cette viande doit être consommée dans les vingt-quatre heures, sinon elle est complètement perdue. Extérieurement cette viande est décolorée, molle, presque sans saveur, comme tout ce qui a été gelé, et de l'avis de tous les savants, parmi lesquels nous citerons M. Pasteur, cette viande est moins nourrissante que la viande fraîche (¹).

De ce court exposé découlent les reproches faits à ce système de conservation des viandes :

1º Il est très coûteux;

2º Il enlève à la viande son aspect normal, sa saveur et ses qualités nutritives;

3º Il désagrège les tissus de telle sorte que la viande se décompose presque immédiatement à la température normale.

CHAPITRE II

LE NOUVEAU PROCÉDÉ

I. — Ce qu'il est.

Les recherches et les événements qui ont amené la découverte de ce nouveau moyen de conservation des viandes ont un historique des plus intéressants. Ne pouvant en donner tous les détails, disons que cette découverte a eu pour point de départ des indications données par la nature elle-même. En effet, la fumaison des viandes, des poissons, a été connue de tout temps, chez tous les peuples, sous toutes les latitudes. La nature, en effet, a indiqué à l'homme que dans le bois, dans la fumée de bois, est un principe conservateur de toute matière alimentaire.

Enlever à la fumée ce qui noircit les viandes, ce qui les dessèche

(¹) *Bulletin de la Société des Agriculteurs de France*, session de 1891, 5ᵉ fascicule, p. 384.

et ne garder que le principe gazeux qui est l'agent de conservation, c'était arriver à résoudre le problème de la conservation des viandes à l'état frais.

Un chimiste, M. Dosmond, en suivant docilement et en esprit supérieur, malgré des théories admises, les indications de la nature, est arrivé à ce résultat. La distillation du charbon de bois en vase clos lui donne ce gaz puissant dont la composition, au dire de savants professeurs qui l'ont soumis à l'analyse, était absolument inconnue et dont l'effet principal est d'arrêter toute fermentation putride, de conserver la viande dans un état de fraîcheur absolue et cela peut-être indéfiniment.

II. — Ses résultats pratiques.

Les résultats obtenus par ce procédé sont incontestablement supérieurs à ceux obtenus par le froid. Au bout d'un mois, trois mois et davantage, les viandes conservées par ce procédé sont *absolument identiques* à la viande nouvellement abattue; son aspect extérieur est aussi beau que celui de la viande tuée la veille; sectionnée, un sang limpide et vermeil coule comme de la viande fraîche; exposée à l'air, elle se conserve plus longtemps que la viande ordinaire; enfin, mangée, elle a toute la saveur et la fermeté de la viande la meilleure.

III. — Sa simplicité. Son bon marché.

A/ PRODUCTION DU GAZ. — La production de ce gaz est excessivement simple et demande peu de personnel. Un fourneau contenant les cornues pour la distillation du charbon. Un barboteur plein d'eau que le gaz traverse au sortir des cornues. Un épurateur plein de chaux où le gaz en passant abandonne les traces d'acide carbonique qu'il renferme. Un ou plusieurs gazomètres.

B/ MISE EN CONSERVATION DE LA VIANDE. — La viande n'est soumise au préalable à aucune préparation. Elle est mise, après la mort de l'animal, soit dans de grands appareils autoclaves aussi vastes qu'on le désire et suspendue comme dans une boucherie, soit coupée par morceaux dans de petites boîtes de fer-blanc qui sont immédiatement soudées. Une pompe à pression prenant le gaz dans les gazomètres l'introduit soit dans les grands autoclaves, soit dans les petites boîtes, grâce à un tuyautage spécial; peu à peu l'air est complètement chassé et remplacé par le gaz qui, mis à une pression de 2 ou 3 atmosphères, pénètre tous les tissus de la viande et la met aussitôt dans un état parfait de conservation, sans qu'il soit besoin d'autre opération.

C) SON BON MARCHÉ. — Notre gaz est excessivement bon marché et pour fixer un prix de revient nous allons, en procédant par comparaison, nous servir comme base d'une industrie similaire : la production du gaz d'éclairage. Le journal *Paris,* du 10 mai 1891, traitant dans un article spécial le prix de revient du gaz d'éclairage à ceux qui le produisent, disait : *Un mètre cube de gaz ne coûte même pas cinq centimes à ceux qui le fabriquent.* Partant de cette base sûre, nous pouvons dire qu'un mètre cube de gaz provenant de la distillation du charbon de bois revient meilleur marché qu'un mètre cube de gaz provenant de la distillation de la houille.

Pourquoi :

1° Parce que notre usine est bien plus simple que l'usine à gaz d'éclairage;

2° Parce que notre usine demande un personnel bien moins nombreux;

3° Parce que que notre charbon distillé garde son poids primitif et toutes ses qualités caloriques, ce qui nous permet de le revendre presque au prix d'achat après qu'il nous a fourni notre gaz. En allant très largement, pour avoir une base sûre en dehors de toute contestation, nous pouvons dire : *Un mètre cube de gaz pour conserver la viande ne coûte pas cinq centimes à ceux qui le fabriquent.*

Et maintenant tirons quelques-conclusions, en mettant de côté la question des appareils dans lesquels la viande est renfermée :

1 kilogramme de viande dans une boîte de conserve demande une dépense de 10 litres de gaz, c'est-à-dire du centième d'un mètre cube, c'est-à-dire de 0,0005, cinq dix-millièmes de franc.

1 mouton demande une dépense de deux mètres cubes de gaz à 0,05, c'est-à-dire 10 centimes.

Remarquons que la viande, *sans autre dépense,* se conservera à l'état frais durant des mois, peut-être indéfiniment.

Maintenant, procédons par comparaison : Quel est le prix de revient de la conservation par la glace et par le froid?

Un mouton, pour être conservé par la glace, demande une dépense de 25 centimes pour deux jours, la viande doit être immédiatement mangée sous peine de se corrompre et elle a perdu une partie de sa saveur ([1]).

Les machines à produire le froid dépensent *bien davantage.*

IV. — Ses applications diverses.

A) Pour le transport des viandes. — Supprimer le transport des viandes conservées par le froid ou par la glace, ce qui revient *fort cher* et donne des résultats *relativement médiocres,* et le remplacer par le transport en vase clos d'une viande *fraîche, savoureuse, sanguinolente,* et cela à meilleur marché... Approvisionner les petites villes, les campagnes, par les petites boîtes de conserve de viande fraîche, comme on les approvisionne de conserves de champignons ou de petits pois. Permettre par ces boîtes de conserve de viande à tous les marins d'avoir continuellement et à peu de frais de la viande absolument fraîche, qui remplacerait facilement et vite toutes ces viandes salées et fumées que les marins consomment journellement à bord.

B) Pour la conservation des viandes dans les marchés et les halles centrales. — Sans doute on installe partout des frigorifiques pour donner à tous les bouchers les moyens de conserver leurs viandes au milieu des chaleurs de l'été; mais qui ne sait que si les effets de ces glacières sont bons d'un côté puisque la viande est conservée pendant qu'elle est à une basse température, ils sont mauvais de l'autre, puisque les tissus désorganisés se corrompent immédiatement au sortir de la glacière à la température normale?

C) Pour la conservation du poisson et du gibier. — Ce procédé permet de conserver à l'état frais et le poisson et le gibier, sans

---

([1]) Les wagons-glacières qui transportent les moutons d'Allemagne à Paris dépensent de 70 à 80 fr. de glace pour deux jours de conservation. Nous conserverions des mois entiers les 280 moutons qui y sont renfermés, pour 20 fr. environ.

prendre même la précaution de le vider. Des poissons entiers et de grandes dimensions, morues fraîches, etc., ont été conservés de longs jours et trouvés absolument frais au sortir de la boîte de conserve.

D) Pour l'alimentation des armées. — Les applications sont d'une incontestable utilité. Aujourd'hui, le soldat en campagne, en manœuvre et même en garnison, reçoit une boîte de viande cuite peu appétissante. Il pourra recevoir une boîte de viande fraîche, et par suite bien meilleure.

De même, pour les armées, les approvisionnements seront facilités; car si actuellement, dans les garnisons, il y a des réserves de viandes cuites, avec le procédé nouveau il y aura des réserves de viandes fraîches, et le soldat en temps de paix ne sera pas obligé de manger des conserves cuites de viandes américaines.

Quel problème que celui de l'approvisionnement en viandes fraîches de Paris et des places fortes!... N'est-il pas résolu?

Par le procédé nouveau, d'immenses approvisionnements de viandes fraîches peuvent être faits à l'avance, soigneusement gardés, dans des chambres closes, au sein de casemates spéciales. La viande, renouvelée tous les trois mois par exemple, pourra servir en temps de paix aux garnisons qui auront là non une viande gelée, mais une viande fraîche; en temps de guerre cette viande sera une précieuse réserve pour le moment où il n'y aura plus de viande sur pied.

CHAPITRE III

SES RÉSULTATS FINANCIERS

Pour qu'une découverte soit bonne et donne des résultats sérieux, il faut qu'elle ait une application sûre, puisse s'étendre beaucoup, et surpasse par son bon marché et ses effets tout ce qui a été fait précédemment.

Six ans d'études et de recherches, deux ans d'expérimentations nombreuses nous ont permis de constater et de faire constater que nos viandes étaient *très belles à l'aspect, très bonnes au goût après un, deux et trois mois de conservation ; que leur apparence et leur saveur étaient bien supérieures à l'apparence et à la saveur des viandes conservées par tout autre procédé.*

Quant au bon marché, nous avons démontré précédemment ce qu'il fallait penser à ce sujet.

Reste à indiquer l'extension que l'on peut donner à cette découverte : elle peut être immense.

Esquissons à la hâte quelques opérations à réaliser :

ARMÉES ET MARINES. — Toutes les armées de l'Europe sont tributaires des maisons américaines ou australiennes, qui leur fournissent des viandes cuites pour s'alimenter et former des réserves en cas de guerre. Tous les gouvernements étudient la question de l'alimentation des places fortes en temps de guerre. En France, en particulier, l'alimentation de Paris est une question très grave. On a l'air de pencher pour le procédé frigorifique, *mais la dépense d'entretien fait peur,* sans compter que les résultats obtenus ne sont pas faits pour donner pleine satisfaction. Les marines s'alimentent de viandes conservées ou salées ou fumées. Remplacer tous ces moyens de conservation par le nôtre, qui donne des résultats *incontestablement supérieurs et meilleur marché,* n'est-ce pas là une affaire appelée à donner de beaux bénéfices ?

HALLES ET MARCHÉS. — Ajoutez à cela l'installation, dans toutes les halles centrales, de réservoirs à viande qui permettront aux bouchers de conserver à peu de frais une viande qu'ils retrouveront après aussi belle qu'avant, sans avoir à redouter les effets désastreux de la glace sur la viande fraîche. Les boucheries à domicile pourront jouir du même avantage par le moyen du système aujourd'hui si connu et si pratique du gaz transportable à haute pression.

AMÉRIQUE. AUSTRALIE. — Et maintenant, si nous abordons le vrai côté de la question, quels bénéfices à réaliser dans ces pays où la viande est si abondante et si bon marché, et où les procédés actuels coûtent si cher ! Quels résultats immenses à obtenir par le transport à grandes distances des viandes conservées par notre procédé ! Chicago envoie tous les jours, dans toutes les directions des États-Unis, des trains entiers de viande enveloppée de glace qui vont nourrir au loin une clientèle que l'on estime à 10 millions de personnes environ. Cette ville étrange envoie ses viandes conservées jusqu'en Europe. L'Australie et la République Argentine inondent l'Europe de leur viande congelée.

Substituez au système par le froid et la glace le système par notre gaz en vase clos, et, aux bénéfices que réalisent déjà les maisons qui font ce commerce, vous pourrez ajouter les bénéfices que doit nécessairement donner un procédé *meilleur marché* et offrant à la consommation une viande qui, *pour l'aspect et la saveur,* est absolument identique à la *viande fraîche.*

47

www.ingramcontent.com/pod-product-compliance
Lightning Source LLC
Chambersburg PA
CBHW070754280326
41934CB00011B/2920